Made in the USA
Coppell, TX
30 January 2020

15162758R00060